SEBASTIAN HEIDLER

LA MAGIA NARANJEÑA

Bibliografische Information der Deutschen Nationalbibliothek:
Die Deutsche Nationalbibliothek verzeichnet diese Publikation
in der Deutschen Nationalbibliografie; detaillierte bibliografische Daten sind im Internet über www.dnb.de abrufbar.

© 2020 Sebastian Heidler
2. Ausgabe (2025)
ISBN: 978-3-7519-0601-2

Verlag: BoD · Books on Demand GmbH, In de Tarpen 42,
22848 Norderstedt, bod@bod.de
Druck: Libri Plureos GmbH, Friedensallee 273,
22763 Hamburg

www.sebastianheidler.at

Resumen

Escribimos el año MMDCCLXXIII *ab urbe condita*. Roma sigue siendo el centro del… bueno, por lo menos el centro de un mundo… y en la antigua provincia romana Hispania citerior sale el sol sobre un pueblecito a orillas del río Turia.

Mientras los primeros rayos de sol despertaban con ardientes besos a las gotillas de rocío, que cubrían los dulces azahares en los alrededores del pueblo, sus habitantes se levantaban y se preparaban para un nuevo día. Pero, lo que nadie podía saber, es que esta mañana tan maravillosa, solo unas horas después, se convertiría en una mañana bastante atípica en el pueblo valenciano de Las Colinas santas de nuestra Virgen de Turia, o Turianum, como lo llamaron en tiempos romanos.

Esta es la historia de un pueblo demasiado típico y de sus habitantes poco destacables, que de repente tienen que enfrentarse a unas situaciones nuevas y, en su opinión, bastante desagradables, aunque memorables. Pero, sobre todo, es una historia llena de suspense y alegría honesta. Es un cuento que desborda tristeza viva y odio congelante. Y finalmente es, también, una historia de amor inocente…

Personaje
(por orden de aparición)

Tomás
Estudiante y artista callejero
(Tranquilo, amable, enamorado de Elena)

Pepe "Pepito"
Propietario del bar Pepitos, el tío de Tomás
(Delgado, bebe mucho anís)

Mensajera
Mensajera perdida
(No tiene sentido de la orientación)

Maruja
Pensionista y cotilla, la abuela de Tomás
(Locuaz, sabe mucho de lo que pasa en el pueblo)

Dolores
Pensionista y cotilla, la hermana de Maruja
(Locuaz, sabe lo que no sabe su hermana)

Erundina
Pensionista y cotilla, la prima de Maruja y Dolores
(Habla poco, callada)

Personaje
(por orden de aparición)

Elena
Camarera en el Pepitos
(Vivaz, amable, segura de sí misma)

David
Camarero en el Pepitos
(Arrogante, musculoso, un poco tonto)

Ms Annie Burton
Turista inglesa
(Alegre, optimista, recientemente divorciada)

Ms Suzi Richards
Turista inglesa
(Pesimista, recientemente divorciada, de peso excesivo)

Vendedora
Vendedora ambulante de naranjas
(Ruidosa)

Rocío
Jefa del Departamento de turismo del pueblo
(Ambiciosa, enérgica, estresada)

Personaje
(por orden de aparición)

Ladrona
Ladrona profesional
(Lista, deportiva)

Juana "Juanita"
Jefa de la policía del pueblo, hermana de Pepe
(Tiene experiencia, serena)

Inés
Subjefa de la policía del pueblo
(Cumplidora)

Público
Una persona, actriz o actor, sentada en el público, parte de la obra.

El escenario

(1)   La obra se desarrolla en la plaza central del pueblo.

(2)   A la izquierda de la plaza hay un bar pequeño, que se llama Pepitos.

(3)   Delante del bar, hay una mesa con dos sillas.

(4)   En el centro hay un naranjo y una columna romana.

(5)   En la esquina derecha hay un buzón grande.

(6)   A la derecha hay un banco (para sentarse).

Hay cuatro entradas:

(7)   Delante por la izquierda hay una calle.

(8)   Delante por la derecha hay otra calle.

(9)   Detrás por la izquierda está la entrada del bar.

(10)   Detrás por la derecha hay un callejón con un arco.

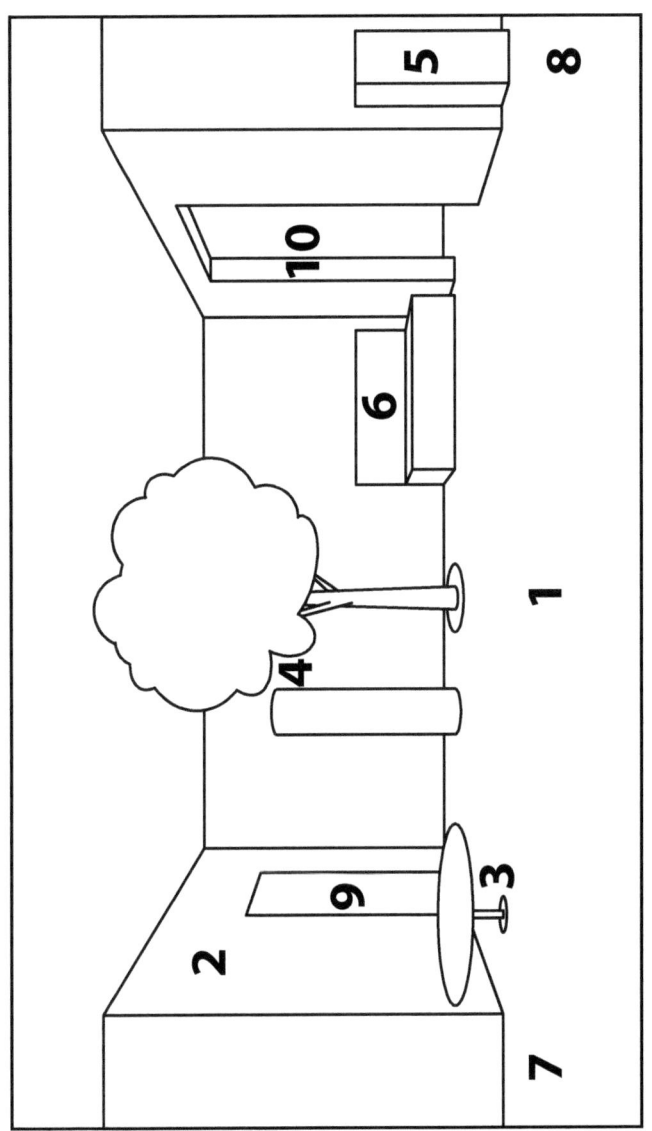

(Entra Tomás en el escenario (por 7), llevando ropa deportiva y una mochila, va al centro de la plaza y se estira)

Tomás Bueno, ¡a traba…

(Bostezando fuertemente) 5

…jar! ¡Ay, qué cansado estoy! Solo son las nueve y pico.

(Mirando su reloj)

¿Por qué tuve que levantarme tan pronto? 10

(Bostezando)

Es una locura, pero bueno. Por lo menos puedo cambiarme aquí, sin público.

(Saca una toga de su mochila y se 15 *la pone, se quita los pantalones deportivos, mostrando un poco de piel)*

¡Empezamos! Bueno, a ver… ¿el manuscrito? 20

(Buscando en su mochila)

¡Aquí está!

(Sacando el manuscrito y dejándolo fuera de la mochila)

¿El cáliz? 25

(Sigue buscando)

¡Sí!

(Mostrando el cáliz)

| Tomás | ¡Qué raro! La abuela me dijo que le habían regalado este cáliz cuando era niña y que le habían prometido que no era una simple réplica. |

(Mirando el cáliz)

Parece muy antiguo. Pero bueno, ella tampoco es la más joven, ¿no?

(Riendo)

¡Tiene que ser una réplica muy antigua! Simplemente es imposible… ¡no, es absurdo pensar que este cáliz sea el original!

(Pensativo)

¡Imagínate! ¡El Cáliz Santo! ¡El Santo Grial! ¡Aquí, en mis propias manos! Una locura…

(Riendo)

Y si no me equivoco, vi a mi abuela usándolo como maceta para sus orquídeas.

(Mirando el cáliz)

¡Tiene que ser una réplica!

(Devuelve el cáliz a su mochila)

A ver, ¡tengo que darme prisa!

(Buscando)

Qué más… ¿El bocadillo de la tía?

(Sigue buscando)

¡Aquí está! Gracias a Di… hm…
o sea ¡gracias a Júpiter!
(Pone el bocadillo en la mochila,
sigue buscando)
Agua… sí, naranjas… por supuesto,   5
y aquí…
(Parando)
Ah…
(Saca una rosa de la mochila)
¡Qué hermosa! A ver… quizás hoy…   10
nunca se sabe, ¿no?
(Esconde la rosa y ordena sus cosas)
(Entra lentamente Pepe en el escenario (por 8), saca
una petaca pequeña con licor de anís de su bolsillo y
da un sorbo)   15

Pepe	¡Bueeeenos días!
	(Hablando consigo mismo, dando otro sorbo y poniendo la petaca en el bolsillo)
	¡Al que madruga Dios le ayuda! 20
	(Avanzando y mirando a Tomás)
	Hola chico, ¿qué tal?
Tomás	Todo bien, tío. ¿Y, tú? Yo ya estoy listo para el nuevo día, ¡mira!
	(Señala con la mano en dirección a 25 sus cosas)
Pepe	¡Caray! Me gustaría tener tu fuerza…
	(Le da una palmada en el hombro)

Pepe		Pero, ¿no te aburre este trabajo?
Tomás		¡Qué va! Mira, ¿qué te parece mi disfraz?
		(Sonriendo)
5	**Pepe**	Pues…, un poco anticuado, ¿no crees?
		(Mira a su sobrino con cara de dudas)
	Tomás	Es romano…
		(Contesta, sonriendo ya menos)
10	**Pepe**	Y un poco femenino.
		(Con dudas)
	Tomás	Es una toga…
		(Sonriendo mucho menos)
	Pepe	Parece un vestido.
15	**Tomás**	Lo llevaban así.
		(Con cara bastante seria)
	Pepe	Y si César hubiera llevado minifalda con dibujos de unicornios rosados, ¿te la pondrías también?
20		*(Burlándose)*
	Tomás	Tío, eso no tiene nada de ver con… es una parte de mi trabajo. Represento a un romano antiguo y para hacerlo correctamente hay que llevar también la ropa adecuada.
25		*(Muy serio)*
	Pepe	Vale…, vale…, no te enfades.
		(Con calma)

	¡Solo te tomo el pelo!
	(Se disculpa)
Tomás	Y cuanto más auténtico lo hago, más dinero me dan los turistas.
	(Con cara conspirativa, guiñando el 5 *ojo)*
Pepe	¡Lo haces muy bien!
	(Riendo)
	Pero, oye, chico, ¿cuándo te buscarás un trabajo de verdad? Deja esas 10 tonterías. ¡No malgastes tu vida detrás de torres de libros en la universidad! Tienes que empezar a ganar un poco de dinero. ¡Tampoco te haces más joven! 15
	(Más serio)
Tomás	Qué va, no está mal. Me interesa; y además, tiene que ver mucho con mis estudios.
	(Pensativo) 20
	Y por supuesto no es para siempre, lo hago durante las vacaciones. Ya sabes, para ganar un poco de dinero para… eh…
	(Nervioso) 25
	… para mis cosas.
Pepe	Eh, ¿para qué? Dímelo, hombre.
	(Con curiosidad)

Pepe	¿Has planeado ya algo?
Tomás	Pues, sí… pero aún no sé. Es decir que… a ver…

(Bastante reservado, perdiendo el hilo)

Pepe	Bueno… chico, cálmate, si no me lo quieres decir, no pasa nada.

(*Comprensivo*)

Tengo que irme. Aquí tienes ya algo para tus planes secretos.

(*Sacando unas monedas de su bolsillo y echándolas en la caja*)

Tomás	Gracias, ¡a trabajar!

(*Sonriendo*)

Pepe	¡Así es, chico, así es!

(*Saliendo*)

Tomás	¡Que tengas un buen día, tío!

(*Tomando asiento*)

(*Pepe ya está delante del bar, buscando las llaves*)

Pepe	¡Gracias! Lo tendré.

(*Sacando la petaca de licor y mirándola, hablando en voz baja*)

… lo tendré…

(*Da un sorbo y abre la puerta*)

¡Oye, Tomás! Y si los turistas te molestan demasiado, siempre puedes visitar al Pepito viejecito, tu tío favorito. ¡Tomamos unos chu-

	pitos de anís y verás que así se trabaja mucho mejor!	
Tomás	Bueno…	
	(Con poca convicción)	
	Quizás más tarde. ¡Gracias, tío!	5
	(Toma asiento otra vez con el dinero de su tío aún en la mano)	
Pepe	Sí, más tarde…	
	(Sacando la petaca; entra bebiendo)	

(Tomás echa las monedas de su tío en la caja, toma el manuscrito y lee solemnemente)   10

Tomás ¡Honoratissimi dominae dominique! ¡Salvete!

Bienvenidos a Las Colinas santas de nuestra Virgen de Turia, origen   15
de las mejores naranjas del levante español, capital de los vinos más exquisitos y suaves de todo el país y cuna de las chicas más guapas del mundo. Y aún más importante…   20
Bienvenidos a la aldea romana antigua de Turianum, centro cultural y religioso del levante en la época romana. Fundado hace casi dos mil doscientos años, destruido y olvidado, sepultado bajo miles de huesos de aceitunas y pieles de naranjas. Hace poco reencontrado,   25

Tomás	limpiado y liberado del barro de siglos.
	Hoy, Turianum, brilla de nuevo bajo el agradable sol de nuestras tierras. El templo antiguo de Júpiter fue liberado de su cárcel terrosa y las antiguas murallas nos muestran, después de casi dos milenios, la riqueza y la fuerza de la aldea romana.
	Y aquí, debajo de nuestros pies, duerme la plaza romana central, con las puertas del mercado al norte, donde la gente de las épocas anteriores podía adquirir y disfrutar las riquezas y el lujo del mundo antiguo.
	¡Bienvenidos a Las Colinas santas de nuestra Virgen de Turia!
	¡Bienvenidos a Turianum!
	(Se queda de piedra, con el manuscrito delante de su cuerpo, como si estuviera leyendo)

(Entra la Mensajera perdida (por 8), lleva un paquete debajo del brazo, un mapa y su móvil en las manos)

| **Mensajera** | ¡No puede ser! ¿Dónde estoy? |
| | *(Perdida)* |

A ver…
(Mirando su móvil)
Las Colinas santas.
(Buscando en el mapa)
¡Aquí está! Y aquí estoy yo.   5
(Comparando el mapa con el móvil)
Bueno, pero, ¿¡dónde está esa mal-
dita calle?!
*(Entra en la plaza, ve a Tomás, que
continua inmóvil)*   10
¡Buenas, chico! ¿Me puedes ayudar,
por favor? Busco la Calle de la Reina
en Las Colinas santas, pero no puedo
encontr…
(Dándose cuenta de que Tomás no   15
responde)
¿En serio? ¡No soy una turista ni
quiero hacerme selfies contigo! ¡Te
pido ayuda! ¡No serás tan cabr…!
(Enfadada)   20

Tomás   ¡Vale…, vale…, no hace falta
                   insultar!
                   (Rompiendo su silencio, ofendido)

Mensajera   Disculpe, no quería… es que me ha
                   costado ya horas llegar a este pueblo 25
                   y ahora no puedo encontrar la
                   calle…
                   (Explicando)

Tomás	Bueno, ¡no pasa nada! A ver, has dicho Calle de la Reina, ¿no?
	(Pensativo)
Mensajera	Sí, Calle de la Reina 19, Las Colinas
5	santas…
	(Leyendo la dirección del paquete)
Tomás	Vale, ya lo sé, está por allá.
	(Señalando la dirección (8))
Mensajera	… de nuestra Virgen del Mar.
10 **Tomás**	¿¡Qué!? ¿Has dicho Las Colinas santas de nuestra Virgen del mar?
	(Perplejo)
Mensajera	Sí, mira. Está escrita aquí en el paquete…
15	*(Señalándole el paquete)*
	Oye, ¿por qué me miras así?
	(Con mal presentimiento)
Tomás	A ver… ¿cómo puedo decírtelo de una manera…?
20	*(Buscando las palabras correctas)*
Mensajera	Decirme, ¿qué?
Tomás	Bueno, ¡pues que te equivocaste de pueblo! Esto es Las Colinas santas de nuestra Virgen de Turia y tú
25	buscas Las Colinas santas de nuestra Virgen del Mar…
	(Explicando)
Mensajera	¡No! ¡No puede ser! Seguí las

indicaciones del móvil…

(Perpleja)

Tomás Te equivocaste… muchísimo, ¡lo siento! Creo que el pueblo que estás buscando está más al sur, cerca de Alzira… 5

Mensajera ¿¡Cómo!? ¿Alzira? ¡Pero eso está muy lejos!

(Se pone cada vez más triste)

¿Me puedes decir el camino más 10 rápido hacia allí, por favor?

Tomás ¡Claro! ¿Dónde tienes tu coche?

Mensajera Al lado de un estanco…

Tomás ¡Genial! El estanco está por allá…

(Señalando la dirección (8)) 15

Sigues la calle en la misma dirección y después de unos cien metros llegarás a una rotonda.

Mensajera Una rotonda…

Tomás Tomas la segunda salida y después 20 sigues siempre en dirección a Valencia.

Mensajera Dirección a Valencia…

Tomás Antes de entrar en la ciudad, sigues en dirección a Alicante; después de 25 unos kilómetros, estarás en Alzira.

Mensajera ¡Genial! ¡Muchísimas gracias, chico!

(Sonriendo)

Mensajera	¡Me salvaste!
	(Le da un beso en la mejilla y sale en dirección de (7))
Tomás	¡Espera! ¿A dónde vas?
	(Perplejo)
Mensajera	¡A trabajar! ¡Gracias chico, pero tengo pareja!
	(Pensando que Tomás le habló por el beso, señalándole el anillo, sale corriendo (por 7))
Tomás	Pero… ¡está por allá!
	(Señalando)
	¡Qué chica tan perdida!
	(Toma asiento otra vez)

(Entran lentamente las dos abuelitas Maruja, Dolores y Erundina charlando (por 7))

Maruja	… no me vais a creer lo que he oído hoy…
Dolores	Pues dínoslo, ¡dínoslo!
	(Curiosa e insistente)
Erundina	Dínoslo…
	(Hablando en voz baja)
Maruja	Bueno, pasó cuando regaba mis orquídeas, ya sabéis que hoy es mi dia de regar las orquídeas, ¿no?
	(Dice de manera instructiva)
Dolores	¡Claro que lo sé!

Erundina	Lo sé…
Maruja	Todos los sábados las pongo en la ducha y las dejo diez segundos debajo del agua, tienen que ser diez segundos, ni más ni menos, ¡eso es muy importante!
	(Explicando, como si fuera una maestra)
Dolores	Porque así las plantas piensan que está lloviendo…
Erundina	Lloviendo…
Maruja	¡Así es! Y acababa de regar la undécima planta…, sabéis que esa es mi orquídea favorita…
	(Asiente con la cabeza)
Dolores	La de Jesús, ¿no?
Erundina	De Jesús…
Maruja	¡Esa!
Dolores	¿Con las flores violetas, que parecen corazoncitos?
Erundina	Corazoncitos…
Maruja	¡Esa!
Dolores	De verdad es muy bonita, tienes razón. Me gusta mucho también.
	(Pensando en las flores)
Erundina	A mí también…
Maruja	Sí, lo es…
	(Pensando en sus flores)

Dolores	Oye, ¿oíste algo de Jesús? ¡Hace años que no lo he visto! ¿Dónde está? ¿Y qué hace? ¿Aún sale con la holandesa esta que conoció durante el crucero al caribe? ¿Te acuerdas? ¿Cómo se llamaba la chica? *(Interesada)*
Maruja	Creo que se llamaba Marike o Marijke… *(Acordándose)*
Erundina	Se llamaba Mareike…
M. & D.	¿Mareike? *(Sorprendidas)*
Dolores	Sí, ¡creo que tienes razón!
Erundina	¡Por supuesto que tengo razón! *(Orgullosa)*
Maruja	¡Os dije que era un nombre muy extraño! Era profesora de baile, salsa creo, ¿no es así?
Dolores	Creo que no era salsa, sino zumba.
Erundina	Zumba…
Dolores	¿Y Jesús aún sale con esa chica?
Maruja	¡Me dijeron que no! He oído que la visitó una vez en Ámsterdam y que allí… ¡conoció al marido de la holandesa! ¡Imagínate eso! *(Bastante indiferente)*

Erundina	El marido de la holandesa…
	(*Un poco asustada*)
Dolores	¡No me digas! ¿Y qué pasó?
	(*Completamente sorprendida*)
Maruja	Dijeron que el marido de la profesora 5
	de zumba le zumbó a Jesús y que el
	pobre rompió con ella.
	(*Cabeceando*)
Erundina	Rompió con la holandesa…
	(*Triste*) 10
Dolores	¡Qué mala suerte! Pero tampoco
	me sorprende mucho. ¡Siempre supe
	que a Jesús le pasaría algo así! ¡Solo
	tiene que ver una falda un poco
	más corta o una blusa un poco más 15
	ajustada y de repente, pierde el coco!
Erundina	Pierde el coco…
Maruja	¡Tenéis razón!
	(*Mirando a Tomás*)
	¡Ah, mirad quién está trabajando ya! 20
	¡Hola, mi niño!
	(*Dirigiéndose a Tomás*)
Dolores	¡Hola, Tomás!
(*Tomás no contesta, tampoco se mueve*)	
Erundina	Tomás… 25
Maruja	Él no puede hablar o moverse si
	no recibe alguna moneda, así son las
	reglas de su trabajo.

Erundina	Así son las reglas…
Maruja	Vi a unos chicos disfrazados de estatuas cuando estaba en Valencia hace años…
	(Explicando)
Dolores	Sí, yo también. Es un trabajo muy duro.
Erundina	Muy duro…
Dolores	Están allí, todo el día bajo el sol y junto a los turistas, empapados de sudor. Les observé mucho tiempo…
Maruja	Lo es; y nunca me hubiera imaginado que mi propio nieto lo haría. Pero él es muy ambicioso, quiere ganar dinero para no sé qué y aparte de eso saca muy buenas notas en la universidad. ¡Es muy listo!
	(Dice orgullosamente)
Dolores	Y ha crecido mucho, ya es un hombre joven y guapo. Me imagino que les hace perder la cabeza a las chicas de Valencia.
Erundina	Las chicas valencianas…
	(Tomás intenta quedarse quieto)
Maruja	Por supuesto que es guapo, ¡es mi nieto!
	(Riendo)

Dolores	Bueno chicas, ¿nos sentamos? Maruja, aún no nos has dicho lo que has oído hoy mientras regabas las orquídeas.
	(Cambiando de tema) 5
Erundina	Las orquídeas…
Maruja	¡Es verdad! ¿Os parece bien si nos sentamos aquí en la plaza? Ya me duelen los pies, los siento como si hubiera corrido un maratón. 10
	(Quejándose)
	Además, tengo la sensación de que hoy va a pasar algo muy interesante en nuestro pueblecito...
	(Dice, exhalando un aura de pre- 15 *sentimiento)*
	… y os juro que no quiero perdérmelo, ¡sea lo que sea!
Dolores	¿Qué sensación?
Erundina	¿Una sensación…? 20
Dolores	Tienes que contárnoslo, vamos chicas, sentémonos.
	(Con curiosidad)

(Las abuelitas pasan por donde el chico, Maruja le da una moneda)   25

Tomás   ¡Gracias abuelita! ¡Hola, tías!

(Las abuelitas se ríen y se sientan en el banco, charlando)

(Entra Elena estresada (por 8), hablando por teléfono, gesticulando con las manos)

Elena   ¡Te he dicho mil veces que no me envíes esas fotos! ¡Son asquerosas!
5   ¡Y no quiero que me llames por teléfono, ¿entiendes?!
(Enfadada, escuchando)
¡¿Qué, por qué?!
(Encolerizada)
10   ¡Porque no quiero, David! ¡Con eso basta!
(Escuchando)
¡No tiene nada que ver con esto! ¡Nos besamos solo una vez en la
15   discoteca, pero porque estábamos borrachos como cubas!
(Escuchando)
¡Una vez, David! ¡Una sola vez y ya está!
20   *(Muy enfadada)*
¡Te di mi número porque somos compañeros de trabajo… no para que me molestes y me envíes fotos de tus naranjas!
25   *(Escuchando impacientemente)*
¡Me da igual lo grandes, dulces y jugosas que sean y lo fuerte que sea tu árbol!

¡Te dije que no quería verlas!

(Más enfadada)

¡Me… da… i…gual!

(Gritando)

¡Escúchame bien, David! ¡No quiero 5
que hoy te atrevas a hablarme en el
trabajo! ¡¿Me oyes?!

(Furiosa)

¡Que te vayas a la…!

(Ve a Tomás y cuelga el móvil) 10

¡Dios! ¡Qué mala leche tiene ese tío!

*(Dice en voz más baja, calmándose
un poco)*

¡Que no pienses en sus naranjas!
Aggg… sus naranjas… 15

(Se estremecerse de asco)

¡Tranquilízate, chica! ¡Puedes hacerlo!

(Hablando consigo misma)

Relájate, Elena, ¡puedes hacerlo! 20
Piensa que se termina el trabajo y en
las vacaciones…

(Cerrando los ojos)

Sí, chica, ¡piensa en tu viaje! Ya solo
quedan diez días más. Has trabajado 25
mucho para viajar a Irlanda, ¡te lo
has ganado! Cálmate, piensa en las
colinas verdes y suaves…

Elena	Irlanda...
	(Respirando profundamente)
	Bueno, me encuentro un poco mejor.
5	*(Abre los ojos)*
	A ver si me ayuda el trabajo.
	(Mirando a la plaza)
	¡Hola, Tomás! ¿Cómo estás?
	(Se acerca rápidamente, sonriendo
10	*cansadamente)*
	Espero que hayas tenido mejor mañana que yo. ¿Qué tal con el trabajo hoy?
	(Esperando una respuesta)
15	Ah, se me olvidó, no puedes hablar. Qué entusiasmo por el trabajo, es impresionante, ¿lo sabes?
	(Sonríe y le toca el brazo)
	Pues, tengo que trabajar también,
20	que tengas un buen día.
	(Dando la vuelta y yendo al bar)

(Dolores se acerca a Tomás)

Elena	Chao, Tomás, ¡nos vemos!
	(Le sonríe)

25 *(Dolores echa una moneda en la caja)*

Dolores	¡Buena suerte, hijo!
	(Dice en voz baja)

(Elena entra en el bar)

Tomás	Gracias Ele…
	(Grita)

(Elena ya está dentro del bar)

Tomás	…na…	
	(Dice callando)	5
Dolores	¡Ay, no!	
	(Dándole una palmada en el hombro)	
	¡Lo siento, chico! ¡Ánimo!	
	(Vuelve al banco y sigue hablando con las otras)	10

(Entra David (por 10), andando rápido y rechinando los dientes)

Dolores	¡Mira quién viene aquí!	
Maruja	¡¿No te dije que hoy pasaría algo interesante?!	15
Erundina	Muy interesante…	
David	¡¿Cómo se atreve esa chica a rechazarme?! ¡Es el colmo! Pero aún no he terminado con ella. ¡Tarde o temprano querrá saber más de mis naranjas!	20
	(Pasa por la plaza)	
	¡No hay ninguna chica en el mundo que pueda resistirse a lo que yo puedo ofrecerles! Ya lo veras, E… le… na…	25
	(Acentuando malhumorado el nombre)	

David	¡Tarde o temprano te conquistaré también!
	(Con mucha confianza, ve a Tomás)
	¿Y, tú? ¿Qué estás mirando?
5		*(Agresivo)*
	Estabas espiándome, ¿no es así?
	(Muy agresivo, acercándose a Tomás)
	¡Respóndeme, imbécil!
	(Ahuecándose delante de Tomás)
10	*(Tomás no contesta, inmóvil)*
David	¡Idiota!
	(Gruñe a Tomás)
	¡Qué cobarde es! ¡No merece la pena ensuciarse las manos!
15 | | *(Entra en el bar y cierre la puerta con demasiada fuerza)* |

(Entran las turistas (por 8), dos amigas de Inglaterra,
Ms Annie Burton primero, con mucho entusiasmo,
20 *Ms Suzi Richards la sigue letárgicamente)*

Annie	Good Lord in heaven! Suzi, just look at this beautiful building over there. Now is this or is this not the loveliest place we have ever been to? What do
25		you think?
	(Muy agitada)
Suzi	Sure Annie…
	(Bastante deprimida)

Annie   Look Suzi, over there! Locals! Hurry, take some pictures!
(Señalando a las abuelitas)
(Las abuelitas las miran, moviendo las cabezas y cuchicheando)   5

Suzi   Okay Annie…
(Indiferente, preparando su cámara)

Annie   You know what, I just had the most amazing idea. Let's try to speak in Spanish with the locals, what do 10
you say?
(Con mucho entusiasmo)

Suzi   I don't think…
(Poco convencida)

Annie   I still remember a few things from the 15
course we attended after Daniel…
(Haciendo una pausa bastante incómoda)

Suzi   Daniel…
(Tristísima)   20

Annie   Well... but I still have that Spanish learning app on my mobile and I brought a dictionary, just in case.
*(No está escuchando la respuesta de su amiga, busca un diccionario en su 25
bolso)*

Suzi   Hm… great…
(Recuperándose)

Annie	Perfect!
	(Alegre)
	Thank God Michael told me about this app, quite a coincidence, isn't it? Who could have known back then that we would spent this year's holidays together... in Spain...
	(Sigue buscando)
Suzi	Not me...
	(De mal humor, rechinando los dientes)
	Bloody app...
	(Dice en voz baja)
Annie	Did you... no wait... has dicho algo... eh... amiga?
	(Intenta hablar español, tiene un acento inglés muy fuerte)
Suzi	No, nothi...
	(Dice en inglés)
	eh... no!
	(Pronuncia la palabra diferente)
	Bloody Michael...
	(Dice en voz baja)
Annie	Perfecto, here it es!
	(Encuentra el diccionario)
	Look el chico!
	(Entusiasmada, señalando a Tomás)

Suzi, hacer una foto con mí y el chico!

(Se acerca rápidamente y toma a Tomás del brazo, sonriendo)

Suzi   Sí…   5

(Otra vez muy indiferente, empieza a hacer fotos)

(Sale David del bar, trayendo una mesa y dos sillas, ve la escena y se troncha de risa)

David   Elena, ven aquí. ¡Tienes que ver esto!   10

(Grita hacia el interior y se quita las lágrimas de los ojos)

(Sale Elena, lleva delantal y trae un trapo)

Elena   Te dije que no quería hablar conti…

(Enfadada)   15

¡Ay, no, pobre!

(Con compasión)

David   ¿Pobre? ¡No me digas que sientes compasión por este imbécil! Mira, es gracioso, ¡no puede hacer nada!   20

(Se ríe maliciosamente)

Elena   ¡Eres un gilipollas! ¿Lo sabes?

(Enfadada)

David   ¡Eres un gilipollas!

(La imita sin gracia)   25

Eres un gili…

(Grita Pepe desde el interior)

Pepe   ¡David!

| **Pepe** | David, ¿qué demonios estás haciendo? ¡Ven aquí o vete a freír espárragos! |

(David entra en el bar de mal humor)

5 *(Elena le saca la lengua y empieza a limpiar la mesa del bar. Prepara las sillas)*

| **Elena** | ¡Ánimo, Tomás! |
| | *(Le dice con voz alta, le regala una sonrisa y entra en el bar)* |

10 *(Las turistas aún se están haciendo fotos con Tomás)*

Annie	Sweet Lord! Look at his muscles!
	(Acariciando el brazo de Tomás)
	Tú es muy cuto!
	(Se ríe entre dientes)

| 15 **Suzi** | Okay, one more! Cheese... eh... cheeso! |
| | *(Con voz aburrida, hace más fotos)* |

Annie	¡Muchas gracias!
	(Dice sonriendo y guiñando el ojo.
20	*Sigue acariciándole el brazo)*
	Suzi! Fasto, give me some dinero for el chico!

Suzi	Sí...
	(Intenta sacar un bolsito interior,
25	*pero tiene problemas por la funda de la cámara)*

(Entra la vendedora de naranjas gritando (entre el público), hablando directamente con el público, vendiendo naranjas)

Vendedora   ¡Naranjas! ¡Las mejores naranjas del país!   5

(Gritando)

¡Naranjas!

(Buscando a un chico al lado de una chica)

¡Ay, mi niño! ¡Qué cara tan pálida   10
tienes! ¿Te apetece una naranja?
Solo son 50 céntimos la pieza. Son
las mejores naranjas del país,
¡créeme!

(Escuchando)   15

¿De verdad no quieres? Piensa en tu
salud, tienen muchas vitaminas y si
me permites ser sincera, ¡me pareces
demasiado débil! ¿Es tu novia, esta
de aquí? Es guapísima, pero no te   20
alimenta lo suficiente, ¿no?

(Escuchando)

¿No es tu novia? ¡Qué pena, ¿no?!
Pero bueno, con esa cara tan
demacrada ¡no me sorprende! ¿Estás   25
seguro que no te apetecen unas
vitaminas?

(Escuchando)

Vendedora	Bueno, si quieres estar enfermo, es decisión tuya. ¡Adiós!
	(Sigue andando entre el público, gritando)
5	¡Naranjas! ¡Dulces, jugosas naranjas!
	(Va por toda la sala)
	¡Naranjas frescas de los jardines romanos!
	(Gritando)
10	*(Las turistas dejan de hacer fotos y buscan de dónde viene la voz de la vendedora)*
Vendedora	¡Naranjas! ¡Solo 50 céntimos la pieza!
	(Entra en el escenario (por 7))
15	¡Naranjas!
	(Acercándose a las turistas, mirando al público)
Annie	Suzi look, there is someone selling fresh oranjas! Give me some dinero,
20	por favor, I'd like to buy some!
	(Pierde el interés por Tomás y suelta su brazo, coge el dinero de su amiga y va hacia la vendedora)
Vendedora	¡Naranjas!
25 **Annie**	Excuse me! Hola señora! Sello oranjas?
Vendedora	¡Sí, sí! Naranjas frescas. Tengo de todo. Grandes, pequeñas, dulces,

jugosas, suaves, sin pepitas, un kilo o dos, enteras o…

(Echando un vistazo a Suzi)

… ¿o quizás solo media? Tengo de todo, ¡50 céntimos la pieza! ¿Cuántas 5 quiere usted? ¿Una, dos, un kilo?

Annie	Dos, please!
	(Señalando con los dedos)
Vendedora	Dos naranjas, aquí las tienen, señora.
	¡Son 50 céntimos por dos, por favor! 10
Annie	I'm sorry, how mucho… eh cuánto es?
Vendedora	Un euro, señora, un euro.
	(Señalando con el dedo)
Annie	Uno? Here… eh… aquí. Muchas 15 gracias!
	(Pagando)
Vendedora	¡Gracias a usted, señora!
Annie	Una question! Where está el templo?
Vendedora	¿El templo? 20
	(Pensando intensamente)
	Creo que está por allá, todo recto. Quizás unos minutos andando.
	(Les señala la dirección (10))
Annie	Gracias! 25
Vendedora	¡De nada. Que tengan buen día!
	(Sale gritando (por 7))
	¡Naranjas!

	Annie	Suzi, how about we go to the temple first and then come back and eat something in that lovely little bar over there. What do you think?
5		*(Pregunta sonriendo a su amiga)*
	Suzi	Finally! Eating sounds good, let's go! Do you know whether they sell good beer in Spain?
		(Con entusiasmo)
10	**Annie**	Beer? Let's try something typical. Something from here.
	Suzi	Okay then, how about Spanish beer…
	(Salen las turistas (por 10))
15	**Dolores**	Pobre chico, todo ese teatro y al final no le han dado ni un céntimo. Los turistas de hoy no son como los de antes.
		(Menea la cabeza)
20	**Maruja**	Tienes razón, pero si quieres el perro, ¡acepta las pulgas! ¿No es así?
		(Dice pedantemente)
	Dolores	¡Amén!
	Erundina	Amén…
25	**Maruja**	Escuchadme, chicas, ¿qué os parece si nos damos un paseo… al templo, por ejemplo?

Dolores	¿Al templo? ¿Siguiendo a esas turistas? ¿Por qué?
	(Sorprendida)
Erundina	Sí, ¿por qué…?
Maruja	Pues…, es la sensación esta. ¡Creo 5 que tiene algo que ver con ellas!
Dolores	¿Ah sí, con las inglesas?
	(Aún más sorprendido)
	Entonces nos vamos, ¡rápido!
Maruja	¡Tranquila! ¿Has visto a esa tía? ¡Con 10 una panza tan grande no se nos pueden escapar!
	(Se ríe)
Dolores	Eso es turismo de masas, ¿no es así?
Erundina	Turismo de masas… 15

(Las tres se ríen a carcajadas)

Maruja	Así es, ¿nos vamos?

(Salen las abuelitas charlando (por 10))

(Elena sale del bar y pone flores y servilletas en la   20 *mesa)*

Elena	Oye Tomás, pensaba que mis clientes son pelmazos, pero comparados con los tuyos, estoy trabajando con ángeles. 25
	(Le está mirando, esperando una respuesta)
	Sabes que ahora puedes hablar, ¿no?

Elena	No hay nadie aquí. O sea, ¿que no quieres hablar conmigo?
	(Dice poniendo cara de ofendida)

(Tomás se relaja)

Tomás	¡No, qué va, no es así! ¡Me gusta hablar contigo! Es que… la verdad es que me gusta este trabajo.
	(Sonriendo nerviosamente)
Elena	¿De verdad?
	(Sorprendida)
Tomás	Pues sí. Bueno, no quiero hacerlo el resto de mi vida, pero me interesa y aprendí mucho cuando investigaba la historia del pueblo.
	(Con entusiasmo)
Elena	¡Te entiendo! Se nota, ¿sabes? Se nota cuando estás hablando y actuando. ¿Pero no te molestan los turistas con sus fotos y selfies, bromeando y haciendo el bobo?
	(Pensativa)
Tomás	Sí, claro, pero no todos son así. Hay mucha gente que se alegra de mi trabajo. Y ver las caras alegres significa mucho para mí.
Elena	Eres un buen chico, lo sabes, ¿no?
	(Sonriendo)

Tomás	Eh… oh… gracias, Elena…
	(Balbuceando)

(Los dos se miran y esperan embarazosamente)

Elena	Bueno… creo que tengo que volver	
	al trabajo. Tu tío está hoy de muy	5
	mal humor y este imbécil de David	
	echa leña al fuego como si no	
	hubiera mañana. Te lo juro, este	
	chico es una pena.	
	(Se da la vuelta)	10
	¡Nos vemos, Tomás!	
Tomás	¡Espera!	
	(Casi gritando)	
	¡Espera un momento, por favor!	
	(Mirando nerviosamente a su mo-	15
	chila y a Elena)	
Elena	¿Sí?	
	(Esperando)	
Tomás	Yo… eh… querría preguntarte…	
	eh… si…	20
	(Balbuceando)	
Elena	¿Sí?	
	(Sonriendo nerviosamente)	
Tomás	Pues, si quieres… eh… un…	

(Sale David gritando e interrumpiendo a Tomás)   25

David	¡Elena! ¿Qué haces aquí holga-	
	zaneando con este idiota?	
	(De mal humor)	

Tomás	¿A quién llamas idio…
	(Es interrumpido por Elena)
Elena	¡Cállate, David! ¡El idiota eres tú!
	(Enfadada)
5	¿Y no tienes que ayudar al jefe?
David	¡Mira quién está hablando! ¡Tampoco tú das un palo al agua flirteando con el sobrino tonto del jefe!
10	*(No hace caso a Tomás)*
Elena	¡Cállate! ¿Qué te ha pasado hoy, por qué estás tan…?

(Pepe grita desde el bar)

Pepe	¡Elena, ven aquí, por favor!

15 *(Elena entra furiosamente en el bar)*

David	¿Y tú?
	(Agresivo)
	¡Déjala en paz, me oyes! ¡Es mía! ¡Si te veo otra vez hablando con ella te
20	muelo a palos! ¿Entiendes?
	(Amenazador)

(Pepe grita otra vez)

Pepe	¡David, tú también! ¡Por Dios!
David	¡Has tenido suerte esta vez! ¡Y ahora
25	puedes volver a ser un empollón vestido de mujer y haciendo el ridículo!
	(Sale enfadado y entra en el bar)

Tomás   ¡Inútil!
          (Rechina los dientes)
          Bueno, no salió como esperaba, pero
          tampoco me dio calabazas…
          (Habla consigo mismo volviendo a   5
          tomar asiento)
          No me dio calabazas, ¡porque no le
          pregunté nada! ¡Ay! ¿Por qué esto
          tiene que ser tan complicado?
          (Respira profundamente afligido y   10
          se queda de piedra)

(Entra Rocío (por 8), estresada, hablando por teléfono
con auriculares inalámbricos)

Rocío   ¡Que no! Te he dicho mil veces que   15
          el alcalde quiere una bandera por
          cada farola del pueblo, lo que en
          total son veintiocho banderas… más
          dos de reserva…
          (Escuchando)   20
          ¿Veintiocho y dos, cuántas son?
          (Estresada)
          ¡Increíble! ¡Son treinta banderas!
          ¡Ni más ni menos! ¿Ya lo tienes?
          (Recibe otra llamada)   25
          Oye, tengo otra llamada. ¿Algo más?
          (Impaciente)

Rocío	¡No! Perfecto, entonces a trabajar, ¡no nos queda mucho tiempo! ¡Chao!

(Termina la primera llamada y saluda a la segunda)

¡Dime!

(Escuchando)

¡No!

(Absolutamente decidida)

¡Porque no puede ser! ¡Tengo las estadísticas aquí y me dicen que eso no puede ser!

(Mirando su tableta)

¡Los números no mienten!

(Orgullosa)

¡¿Un error?!

(Completamente perpleja)

¿Me estás diciendo que he cometido un error?

(De muy mal humor, con la voz amenazadora)

¡Muy buena idea!

(Sarcástica)

¡No! ¡Que no lo hagas! ¡Por Dios! ¡¿Es que tengo que hacer todo yo misma?!

(Estresada, escuchando)

¡Eso! ¡Sí! ¡Hazlo así y no te atrevas a

llamarme antes de haber solucionado todo esto!

(Terminando la llamada)

¡Dios!

(Se acerca a Tomás) 5

¡Hola! ¿Qué tal con el trabajo? ¿Estás contento con el…?

(Mirando a la caja del dinero)

Pero, ¿qué es esto? ¿Son las nueve y cinco y solo tienes este dinero? ¿No 10 hay turistas hoy?

Tomás …

(Sale Elena del bar y pone un cenicero en la mesa)

Rocío O sea, que no haces bien tu trabajo…

Oye, creo que tengo que explicártelo 15 otra vez…

(Mirando su tableta)

El viernes… ¡a las diez en punto! ¿Te parece bien?

(No escucha la respuesta. Se da la 20 vuelta y se dirige al bar)

¡Hola, chica! ¿Me pones dos solos, por favor?

(Se sienta en una de las sillas, mirando su tableta) 25

Elena ¿Dos cafés solos?

Rocío ¡Sí!

Elena ¡Por supuesto! ¿Algo más?

Rocío	No, gracias. Es todo. Y por favor, ¡date prisa! Tengo una cita con el alcalde a las nueve y media, y después tengo que dar la bienvenida a unos posibles patrocinadores para el aniversario del pueblo…
Elena	Entiendo, entiendo, ¡vuelvo lo antes posible!
	(Entra en el bar)
Rocío	¡Perfecto!
	(Mirando escrupulosamente por la plaza y el bar, tomando notas en su tableta)

(Sale Elena del bar, lleva una bandeja con dos cafés solos)

Elena	Aquí…
Rocío	¡Gracias chica! Oye, ¿porque tenéis solo una mesa fuera? ¿Qué haréis si viene más gente? ¿Y por qué no llevas una blusa que acentúe un poco más tus curvas?
Elena	Mis… ¿por qué?
	(Mirando su blusa)
Rocío	Y tenéis el menú en inglés y francés, ¿no?
	(Preguntando sin parar, tomando el primer café)

Elena	Eh…
	(Perpleja)
Rocío	Os recomiendo hacer una versión en alemán, ruso, italiano y portugués.
	(Pensando un momento) 5
	Pensándolo bien… quizás una versión en árabe y en chino también. Según mis estadísticas, el número de turistas de países árabes y de China creció bastante en el último 10 trimestre…
	(Mirando su tableta, tomando el segundo café)
Elena	Eh… bueno…
Rocío	Oye, chica. Tengo unas… hm… 15 recomendaciones para tu jefe, me parece que todavía no usa el potencial de su bar por completo. ¡Tenemos que cambiar esto para no perder turistas! Dile que me gustaría 20 hablar con él, tiene mi número del trabajo.
	(Se levanta, deja una tarjeta de visita en la mesa)
Elena	Sí, lo haré… 25
Rocío	¿Cuánto es?
Elena	Dos euros veinte, por fa…
Rocío	¡El resto es para ti!

	Rocío	¡No olvides hablar con tu jefe!
		(Deja unas monedas en la mesa y sale de la plaza, hablando otra vez por teléfono)
5	**Elena**	¡Gracias!
		(Mirándola perpleja)
	Rocía	¡Dime! ¡No, no necesitamos doce toneladas de arroz para el aniversario, sino dos! ¡¿Qué demonios
10		haríamos con doce toneladas de arroz…?!
		(Sale estresada (por 7))
	Elena	¡Qué pesada es!
		(Mirando a Tomás mientras limpia
15		*la mesa. Después entra en el bar)*
	(Entra la mensajera estresada (por 8))	
	Mensajera	A ver… a ver… a ver…
		(Mirando su móvil y consultando el mapa)
20		Allí está el estanco que mencionó el chico…
		(Abriendo el mapa, con la cara en dirección al público)
		Y yo estoy aquí… a ver.., eso
25		significa que tengo que seguir el camino por allá…
		(Dando la vuelta, ahora mirando en dirección de Tomás)

¡Sí! ¡Por allá!

(Con mucha confianza)

¡¿Qué?! Pero…

(Bajando el mapa y mirando a la plaza) 5

¡…Es este chico!

(Perpleja)

¡Oye, chico! ¿Cuál era la dirección correcta? ¿Por allí?

(Señalando en la dirección (7)) 10

Tomás   …

(Negando con el dedo pulgar)

Mensajera   ¿No? ¿Estás seguro? ¿Entonces por allá?

(Señalando en la dirección (8)) 15

Tomás   …

(Afirmando con el dedo pulgar)

Mensajera   ¡Genial! ¡Muchísimas gracias, chico! ¡Me salvaste!

(Sale (por 10)) 20

Tomás   …

(Negando con el dedo pulgar)

(Entran las abuelitas charlando (por 8))

Maruja   ¿…Oísteis lo del Alcalde? Una amiga 25
mía me dijo que a ella le dijeron que la mujer del alcalde está embarazada, ¿podéis creerlo?

Dolores		Qué alegría, ¿no? Es un buen tío, un poco joven para ser alcalde, pero bueno, por el momento lo hace bien. *(Con toda confianza en su voz)*
5	**Erundina**	Lo hace muy bien…
	Maruja	Solo lo decís, porque no lo conocéis como yo lo conozco. ¡Me dijeron que tenía una novia muy joven!
	Erundina	¡Una novia…!
10	**Dolores**	¡Qué me dices! *(Sorprendida)*
	Maruja	¡Que sí! ¡Una chica de Valencia!
	Dolores	¡Que no! *(Incrédula)*
15	**Erundina**	De Valencia…
	Maruja	Sí, sí, y por eso va tantas veces a la ciudad. Siempre dice que es por el trabajo, pero son pretextos, nada más. ¡En verdad es un simple
20		mujeriego! *(Triunfante)*
	Erundina	Simple mujeriego y nada más…
	Dolores	Y parece tan amable, pero no es oro todo lo que reluce, ¿no es así?
25		*(Instructiva)*
	Maruja	¡Así es!
	Dolores	¡Y su pobre mujer! Embarazada de un Don Juan, ¡pobrecilla!

Erundina	Pobre chica…
Maruja	¡No me hagáis reír! ¡Ella tiene trapos sucios también! Oí que el bebé no es del alcalde, sino de otro hombre.
	(Autocomplaciente) 5
Erundina	¿De otro hombre…?
	(Sorprendida)
Dolores	¡¿Qué?! ¡Estás bromeando! ¿Sabes de quién?
	(Realmente impresionada) 10
Maruja	Pues… no conozco su nombre, pero me dijeron que era un repartidor; ya sabes, de una de las empresas grandes. Parece que le daba un paquete adicional. 15
	(Señalando con las manos)
Erundina	Un paquete más de lo que…
	(Riendo a medias)
Dolores	Tenéis razón, ¡recibió más de lo que pedía! La verdad es que desde la 20 primera vez que la vi, me pareció una mujer muy falsa.
Erundina	¡Muy falsa…!
Maruja	Sí, a mí también. Pero bueno, no me sorprende mucho. Sabéis que ella no 25 es de aquí, ¿no?
	(Instructiva)

Dolores	Por supuesto, es del norte, cerca de Castellón, ¿no es así?
Erundina	Cerca de Castellón…
Maruja	Creo que sí, pero no sé cómo se llama su pueblo.
Dolores	Pues yo tampoco. Pero eso explica mucho, ¿no?
Maruja	Sí.
	(Asiente con la cabeza)
	Mira quién está volviendo.
	(Señalando con la mano)

(Entran las turistas (por 10), van al bar)

Annie	Well, wasn't that lovely! Amazing what these Romans did back in their days, don't you think?
	(Sonriendo)
Suzi	yeah…
	(Cansada)
Annie	I could have stayed there forever! But oh my gosh!
	(Mirando a su reloj)
	Look at the time! Let's get you something to eat!
Suzi	You know me so well…
	(Cansadísima)

(Las dos van al bar y se sientan en las sillas)

Annie	Poor Suzi! That was quite a walk,

	you must be starving!	
	(Compasiva)	
Suzi	I am!	
	(Atormentada)	
Annie	Look! They have the menu in	5
	English, too! Now isn't that great!	
Suzi	It sure is, Annie!	

(Miran el menú)

(Sale David poniendo cara de acelga, Elena sale también y le está observando desde la puerta del bar) 10

David	¿Bebidas?	
	(Dice de manera escueta)	
Elena	¡David! Pepe te está llamando, ¡rápido!	
	(Sale del bar.)	15

(David entra aliviado)

Elena	¡Buenos días y bienvenidas! Disculpen esto, ¡es su primer día aquí…!	
	(Disculpándose y sonriendo)	20
	¿Ustedes ya saben qué van a tomar de beber?	
Annie	Well… sí. Yo quiero rojo vino…	
	(Intenta hablar español)	
Elena	Vino tinto, sí.	25
	(Escribe en su block de camarera)	
	Tenemos vino de la Rioja, de las Rías Baixas y también del pueblo; le	

Elena	recomiendo este, ha ganado el premio al mejor vino de toda la Comunidad Valenciana.
Annie	Eh… sí. Vino pueblo, por favor!
Elena	Del pueblo, sí.
	(Escribe en su block)
Annie	Y you, Suzi? Beer?
Suzi	Of course! A large one, please… eh beero largo!
Elena	Una cerveza grande, sí. ¿De la casa?

(Suzi mira a su amiga, ella asiente con la cabeza)

Suzi	Yes… sí!
Elena	¡Genial!
	(Escribe en su block)
	¿Y para comer… ya saben?
Annie	Eh… no. Luego, gracias!
Elena	¡Bueno! ¡Vuelvo enseguida con las bebidas!
	(Entra en el bar)
Annie	Such a sweet girl, don't you think?
	(Dice, leyendo el menú)
Suzi	hm… I just hope the beer is good!
	(Responde, leyendo el menú)
Annie	Oh Suzi! You'll never change! Relax and enjoy Spain… and please forget Daniel, he's not worth it!

(Las dos siguen leyendo)
(Sale Elena con las bebidas y unas aceitunas)

Elena	Vino tinto del pueblo para usted…
Annie	Muchas gracias!
Elena	¡… y la cerveza grande de la casa para usted!
Suzi	Gracias! 5
Elena	¿Ya saben ustedes lo que quieren comer?
Annie	Sí, queremos…
	(Lee en el menú)
	… ensalada valenciana, patatas 10 fritas, pan, esga… rra… et and paella, por favor.
	(Dice orgullosamente sonriente)
Elena	Sí…
	(Escribe en su bloc) 15
	Pero una paella es para tres personas. ¡Es bastante grande!
	(Señalando con las manos)
Annie	No problem… o! We're are starving!
Elena	Bueno, quieren la paella valenciana, 20 ¿no?
Annie	Sí, sí!
Elena	Genial. A ver…
	(Leyendo en su block)
Elena	Ensalada valenciana… 25
Annie	Sí!
Elena	… una ración de patatas fritas…
Annie	Sí!

Elena	… pan…
Annie	Sí!
Elena	…una ración de esgarraet…
Annie	Sí!
5 **Elena**	… y una paella valenciana para tres personas.
Annie	Sí!
Elena	Perfecto, ya tengo todo, ¡gracias!
	(Dice, saliendo)

10 *(Las turistas toman sus copas y brindan)*

Annie & Suzi Cheers!

(Dicen felizmente y beben, Suzi se bebe su cerveza de un trago)

Suzi Ahhh! Now that is one good beer!

15 *(Sonríe y disfruta el sol)*

(Entra la ladrona (por 8), anda prudentemente de puntillas, observando a sus alrededores, se esconde detrás del buzón de la esquina (11) y observa la
20 *plaza, deja su mochila allí (10))*

Suzi Uhhh…

(Pone las manos en su barriga)

I´ll be right back, Annie!

(Se levanta y entra en el bar)

25 **Annie** No worries Suzi!

(Disfrutando del sol con los ojos cerrados)

(La ladrona se estira y se pone gafas de sol, entra en

la plaza con el móvil en la mano, grabando un video,
se pone al lado de Tomás y después se acerca al bar y
a Annie, coge el bolso y la cámara cuando Elena sale
del bar con una cesta de pan en la mano, la ladrona
huye y sale del escenario (por 10))   5

Elena   ¡Alto!
               (Grita y la sigue, tirando el pan en la
               mesa)
               ¡Ladrona! ¡Tomás, ven conmigo!
Tomás   ¡Sí, rápido!   10
(Los dos salen corriendo del escenario (por 10))
(Hay caos en la plaza)
Annie   What's happening?
               (Sorprendida)
Maruja   ¡Fue por allí, chicos!   15
               (Les dice a Elena y a Tomás, y les
               señala con la mano)
Annie   Oh my gosh! What happened?
               (Nerviosa)
(Salen Pepe y David del bar, corriendo)   20
Pepe   ¿Qué ha pasado?
               (Mirando por la plaza)
David   Usted, ¿está bien?
               (Pregunta a Annie)
Annie   What… eh… what happened?   25
               (Tartamudeando)
(Pepe va por la plaza)

Pepe	Mamá, tías, ¿qué ha pasado aquí?
	(Preguntando a las abuelitas)
Dolores	¡Una ladrona! ¡Eso es lo que ha pasado!
5	*(Enfadada)*
Erundina	Una ladrona…
Maruja	¡Sí, una ladrona! ¡Imagínatelo, aquí, en nuestro pueblecito¡ ¡Ay Dios, qué está pasando con este mundo…!
10	*(Nerviosa)*
Pepe	¿Y qué más? ¿A dónde fue?
	(Sigue mirando alrededor)
Dolores	¡Por allá, Tomás y la chica la están persiguiendo!
15	*(Más tranquila)*
Pepe	¿Tomás y Elena?
	(Pensando)
	Bueno.
	(Saca la petaca de licor de su bolsillo
20	*y toma un trago)*
	Oye David, llama a la policía, diles que ha habido un robo en la plaza central del pueblo.
	(Gritando)
25 **David**	¡Vale!
Pepe	Y, ¡David!
David	¿Sí?

Pepe	¿Qué tal está la señora inglesa?
	(Se va calmando)
David	Parece que está en shock.
Pepe	Mejor que vaya al interior, tiene que
	salir del sol. ¡Ayúdala! 5
David	¡Vale!
	(Va hacia la mesa)
	Hola señora, vamos adentro, ¡venga
	conmigo!
	(La ayuda a levantarse) 10
Annie	But… what happened… who are
	you…
	(Tartamudeando)
	Oh wow! Look how strong you are!
	(Palpando sus brazos) 15
	So strong and handsome…
	(Admirando)
(David y Annie entran en el bar)	
Pepe	Ladrones... ¡aquí! ¡Qué locura!
	(Toma otro trago y entra también) 20
(Las abuelitas siguen hablando)	
Dolores	¡No dejas de sorprenderme,
	hermanita!
Maruja	¿Por qué?
	(Sorprendida) 25
Dolores	¡La ladrona! Nos dijiste que tenías
	la sensación de que hoy pasaría algo.

Dolores	Y has tenido razón. ¿Cómo lo hiciste?
Erundina	¿Cómo lo supiste…?
Maruja	Pues, no lo sé… Simplemente es una sensación, ¿sabéis?
	(Se encoge de hombros)
Dolores	Hm… ¡no! Pero el robo tiene algo positivo también.
Erundina	¡Algo muy positivo…!
Maruja	¿Sí? ¿Y qué es?
	(Sorprendida)
Dolores	¿No te has dado cuenta? Tomás y su chica idolatrada se fueron juntos a perseguir a la ladrona. Quizás así surja algo entre los dos.
Maruja	Puede ser. Me gustaría mucho.
	(Muy alegre)
	Ella es muy maja y Tomás es muy buen chico, pero con las chicas es un manazas.
	(Suspirando)
Dolores	¡Todos los chicos lo son! ¿No os acordáis?
Maruja	¡Claro que sí!
	(Se ríe a carcajadas)
	Oye, ¿queréis que sigamos a los chicos? Quizás de esta manera oigamos algo interesante.

Dolores	De acuerdo. ¡Vámonos!
Erundina	Rápido, vámonos…
	(Se levantan las tres)
Dolores	Esperad chicas, ¿os he contado ya lo que le pasó a mi vecina, la señora 5 Rodríguez, cuando iba de viaje a las Canarias? ¡No os lo vais a creer! ¡Yo misma me quedé pasmada!
	(Prometiendo)
Maruja	¡No me mencionaste nada! 10
	(Un poco insultada)
Erundina	A mí tampoco…
Maruja	Pero cuéntanoslo, hermanita. ¡Cuéntanos todo!
	(Con mucha curiosidad) 15
Dolores	Paso a paso. Figuraos… la señora Rodríguez… ¿Veis sus gafas enormes, con las que parece una mosca humana?
	(Reproduciendo las gafas con sus 20 dedos)
Erundina	Una mosca gigante…
Maruja	¡Sí, veo las gafas!
	(Confirmando)
Dolores	¿Podéis ver el moño ridículo y 25 gigante que parece que lleva desde hace miles de años?

Maruja	¡Sí, lo veo también!
	(Riendo)
Erundina	Es feísimo…
Dolores	Y ahora, imaginaos que lleva una de
	esas bufandas enormes, que parecen
	mantas. ¿Las conocéis?
Maruja	Por supuesto, lo veo todo muy claro.
	¿Y qué pasó? ¡Cuéntamelo ya, hermanita!
	(Con mucha curiosidad)
Dolores	Vale, vale… ya sabéis que ella se iba
	a las Canarias…
	(Con calma)
Maruja	¡Sí!
Dolores	Iba con su hija, la más pequeña,
	Isabel, creo que se llama la chica. Ya
	sabes, la que se casó con un profesor
	de matemáticas, con el que tiene dos
	hijas gemelas y…
Erundina	Hijas gemelas, qué suerte…
Dolores	Bueno, madre e hija iban dando
	un paseo por el centro de la ciudad y
	allí unos periodistas vieron a la
	señora Rodríguez y la confundieron
	con…
	(Saliendo del escenario (por 10))

(Entra la ladrona otra vez (por 8), huyendo aún prudentemente; ve que la plaza está vacía y se acerca a las cosas de Tomás, cuenta el dinero de la caja)

Ladrona   Diez… veinte… cuarenta… se- senta… ¡noventa céntimos! ¡Dios! 5 ¡Pobre chico!

(Saca unas monedas de sus bolsillos y las echa en la caja)

No vale buscar aquí, ¡este chico es más pobre que las ratas! 10

(Entran Juana e Inés (por 7), las policías del pueblo, charlando; la ladrona huye (por 10))

Juana   Hace años que no hemos tenido un robo en el pueblo, ¿te acuerdas?

Inés   Creo que cuando pasó, yo aún no 15 era policía. ¿Cuándo pasó?

Juana   Pues… no estoy segura de si fue en el 2003 o en el 2004, pero sé que fue un escándalo. ¡Mi madre se pasó años sin hablar de otra cosa! 20

Inés   Me acuerdo de que antes se comentaba mucho. ¿Crees que con el robo de hoy será lo mismo?

Juana   ¡Seguramente! Conozco a mi madre y a mis tías, ellas no nos dejarán 25 olvidar lo que ha pasado en el pueblo.

(Pensativa)

Juana	Pero… bueno, a ver qué dicen mi hermano y los testigos.

(Entran en el bar y salen otra vez con Pepe)

Inés	¿Y la señora no vio nada?
	(Bastante sorprendida)
Pepe	Dijo que no. Aún se está recuperando del susto. Pero dijo que disfrutaba del sol y que de repente se había formado un caos en la plaza.
	(Tomando un trago de su petaca)
Inés	Y tu camarera, Elena se llama, ¿no? ¿A dónde fue?
	(Mirando críticamente a la petaca)
Pepe	Por allá, con Tomás; persiguiendo al ladrón.
Juana	¡Con Tomás! ¿De verdad?
	(Favorablemente sorprendida)
	¡Qué bien! Me parece que hacen buena pareja, no crees, ¿Pepito?
	(Mirando por la plaza)
Pepe	Claro, pero este chico es tan tímido… no sé cómo puede trabajar en medio del pueblo, dónde toda la gente puede verle.
	(Pensativo)
Inés	Bueno, creo que eso no tiene nada que ver con el robo, ¿no?
	(Interrumpiendo)

Juana	Tienes razón, pero parece que por el momento no podemos hacer nada más, los dos chicos son nuestros únicos testigos…
Pepe	La verdad es que no, Juanita. Mamá 5 y las tías Dolores y Erundina también estaban en la plaza.
Juana	¡¿De verdad?! *(Sorprendida)* ¿Y dónde están ahora? 10
Pepe	No lo sé, habrán ido a darse un paseo por el pueblo, me imagino. *(Tomando otro trago)*
Juana	Entiendo. Pues, mejor que esperemos aquí hasta que vuelvan 15 los chicos. *(Con calma, sentándose)*
Inés	¿Esperar? ¿No podemos hacer nada? *(Incrédula)*
Juana	Me temo que no. 20 *(Tranquila, disfrutando el sol)*
Inés	¡Podríamos llamarlas por teléfono!
Pepe	Ya lo intenté. Tomás no responde y Elena ha dejado su móvil en el bar.
Juana	Bueno, no pasa nada. Esperaremos 25 aquí. Oye, Pepito, ¿me podrías traer unos fartons y un vaso grande de Horchata?

Juana		Con todo este trabajo me ha entrado hambre.
		(Se ríe)
Pepe		¡Claro, no hay problema! ¿Algo más?
5		¿Un chupito de anís?
		(Ofreciéndole la petaca)
Juana		¡No, no! ¡Estoy de servicio, gracias hermanito!
Pepe		¿Inés?
10 **Inés**		¡Zumo de naranja, por favor!
		(Incómoda)
Pepe		¡Vale!
		(Entra en el bar)

15 *(Entran Elena y Tomás en el escenario (por 8), Tomás va cojeando, se apoya en el hombro de Elena)*

Tomás		¡Ay…! ¡Ay…! ¡Ay…!
		(Exclama con cada paso)
Elena		¡Ay, pobre! Te duele mucho, ¿no?
20		*(Compasiva)*
Tomás		No…
		(Mintiendo)
		¡¡¡Ay!!!
		(Gritando)
25		Pues… un poco, sí. Por lo menos ahora sabemos que no se debe correr en sandalias…
		(Con una sonrisa fingida)

	¡Pero qué pena que hemos perdido esta tía por mi culpa!	
	(Triste)	
Elena	¡No te preocupes, no es culpa tuya! Con esta falda de camarera tampoco se puede correr, ¿sabes? ¡Es demasiado ceñida!	5
	(Quejándose)	
Tomás	¡Es muy bonita!	
	(Con la mirada ausente)	10
Elena	¡Gracias!	
	(Sonriendo)	
	¡Mira, ya está aquí la policía! ¡A ver si saben algo más!	
	(Sale Pepe con las bebidas y los fartons)	15
Pepe	¡Mira Juanita, allí vienen los chicos!	

(Juana ye Inés se vuelven hacia los chicos)

Inés	Pero… ¿qué ha pasado con el chico?	
	(Preocupada)	20
	¡Está herido!	
	(Se levanta y ayuda a Elena y a Tomás)	
Tomás	¡Gracias!	
Juana	¡Rápido Pepe, traenos dos sillas más!	25

(Pepe entra en el bar)

Tomás	¡Hola tía!
Juana	¡Siéntate, hijo! ¿Qué te pasó?

(Sale Pepe con dos sillas y una bolsa de hielo)

Pepe   ¡Sentaos! Tomás, toma esto, te ayudará.

(Le da el hielo)

5   Tengo que ver cómo están mis clientes, una de esas tías de Inglaterra aún no se ha dado cuenta de lo que pasó, tiene una cara que me deprime mucho y bebe y bebe y bebe...

10   bueno, no me quejo, es un buen negocio!

(Entra en el bar riéndose a carcajadas)

(Sentados en las sillas en este orden: Juana, Tomás,
15 *Elena e Inés)*

Juana   ¿Qué tal tu pie? ¿Quieres que llamemos al médico?

(Señalando el pie)

Tomás   ¡Qué va! Estoy bien, ¡gracias, tía!

20 **Inés**   Bueno, entonces... ¡¿nos podéis contar lo que pasó, por favor?!

Elena   ¿Quieres contarlo tú?

(Mirando a Tomás, sonriendo)

Tomás   No, no. Explícalo tú.

25   *(Respondiendo a la sonrisa)*

Elena   Vale.

(Aclarándose la garganta)

Vi a una mujer cogiendo el bolso y la

cámara de la señora inglesa cuando salía del bar, y Tomás y yo empezamos a perseguirla por el pueblo. Pero con esta falda no podía correr muy rápido y Tomás con sus sandalias tampoco. Y cuando pasábamos por la puerta de la muralla antigua… 5

Tomás   La del siglo III, no de la más antigua… 10
         (Añadiendo)

Elena   Eh… sí, ya sabéis, dónde había una lavandería. Allí se cayó Tomás por culpa de sus sandalias y perdimos a la ladrona. 15
         (Afligida)

Tomás   Sí, es culpa de estas malditas sandalias… ¡y la mía también!
         (Quejándose)

Elena   ¡Qué va, lo hiciste muy bien! ¡Fuiste 20 muy valiente!
         (Admirándolo, acariciando su hombro)

Tomás   ¡Gracias!
         (Sonriendo) 25
         Pero la perdimos y no sabemos dónde está ahora.

Inés   ¡No te preocupes!

Inés	¿Le habéis visto la cara a la sospechosa?
	(Saca una hoja de papel del menú y un lápiz del color de su chaqueta)
5 **Elena**	Sí, y también recuerdo su ropa. Lleva zapatos blancos, un vestido largo de verano blanco con estampado de flores… era un vestido muy bonito… además, lleva un sombrero blanco. La combinación le quedaba muy bien…
Inés	Sí.
	(Apunta las informaciones)
Tomás	Y gafas de sol, ya sabéis, de las grandes, como las de las películas americanas!
Juana	¡Genial! ¿Y su cara?
Elena	Tiene una cara un poco redonda, la piel como yo, más o menos. Y el pelo largo… de un color bastante oscuro, pero no negro.
Inés	Sí… ¿algo más?
	(Dibujando)
Elena	Tiene poco pecho…
25 **Inés**	Entiendo…
	(Dibujando)
Tomás	¡… y la nariz pequeña!

Inés	Bueno…
	(Sigue dibujando)
Tomás	Además se le notaban ya algunas canas...
	(Señalándolo con las manos) 5
Inés	¡Perfecto!
	(Termina de dibujar)
	¿Qué os parece esto? ¿Se parece a la sospechosa?
	(Les muestra el dibujo a los chicos y 10 *después al público)*
E. y T.	¡Es ella!
	(Sorprendidos)
Elena	¡Parece una foto!
	(Admirada) 15
Inés	¡Gracias!
	(Con una sonrisa profesional)
Juana	Genial, ¿algo más? ¿Qué edad crees que tiene? ¿Y qué estatura?
Tomás	Hm… diría que tiene entre vein- 20 ticinco y treinta y cinco años, pero puede que me equivoque…
	(Pensativo)
Elena	Lo diría también, y me parecía un poco más alta que yo… ¡y muy 25 deportiva!
Juana	Bueno, ¿algo más? ¿Alguna peculiaridad llamativa?

Elena	No, no he visto nada. ¿Y, tú?
	(Mirando a Tomás)
Tomás	Pues… creo que sí… Aunque no estoy seguro… y sería muy extraño, pero, algo en su manera de correr me llamó la atención…
	(Muy pensativo)
Inés	¿Sí? ¿Qué fue?
	(Con curiosidad)

(Sale Pepe del bar, escuchando y limpiando una copa)

Tomás	Hm, cómo podría explicarlo…
	(Buscando las palabras)
	Sé que no puede ser, pero corría como…
	(Pensando)
	Como si le hubieran pisado en sus… eh… pues, como si le hubieran pisado sus naranjas, ¿sabéis?
	(Señalando a su entrepierna)

(Los tres dicen al mismo tiempo)

Elena	No.
Inés	No.
Juana	¡No!
Pepe	¡Sí!

(Las mujeres miran a Pepe, que entra otra vez con la cara desfigurada)

Inés	Bueno, es muy extraño de verdad, pero creo que todo esto nos ayudará

mucho. ¡Muchas gracias, chicos! Habéis sido muy valientes.

(Metiendo sus apuntes en el bolsillo)

Juana   ¡Sí, y tontos también! ¡Imaginaos qué hubiera pasado si esa tía hubiera   5
estado armada! ¡Tu madre me hubiera matado!

(Meneando la cabeza)

Tomás   Entiendo… lo siento…

(Comprensivo)   10

Elena   Sí, pero es que no pensamos en eso, ¡solo queríamos ayudar!

(Justificándose)

Inés   ¡Y lo hicisteis!

(Aprobando)   15

(Entra la ladrona (por 8), se da cuenta de que hay gente en la plaza y va a por su mochila escondida; se cambia, se quita el sombrero, el vestido y las gafas, se pone un bigote enorme, una camisa, un chaleco y un sombrero de hombre; llevaba vaqueros debajo   20 del vestido; mete el bolso de Annie y la cámara en la mochila vacía)

Juana   Bueno, ¿nos vamos Inés? ¡A ver qué dicen mi madre y mis tías!

Inés   Sí, quizás puedan añadir alguna   25 información más. ¡Adiós, chicos!

(La ladrona pasa por la plaza, ocultando la cara con el móvil de las miradas de la policía)

E. y T.	¡Adiós!

(Inés y Juana se levantan y salen, se cruzan con la ladrona)

Juana	¡Caray!
5		*(Dice, siguiendo con la mirada a la ladrona disfrazada)*
Inés	¡Por favor! ¡Eres una imbécil!
	(Fastidiada)
Juana	¡Quién no llora, no mama!
10 **Inés**		¡Vámonos!
	(De mal humor)

(Salen las policías (por 8) y la ladrona (por 7) en diferentes direcciones)

15 **Elena**	¿Qué tal tu pie? ¿El hielo te ayuda?
	(Cariñosa)
Tomás	¡Mejor, gracias! Pero creo que hoy no puedo seguir trabajando, es una pena, aún no he ganado suficiente
20		dinero para…
Elena	¿Sí? ¿Para qué?
	(Con curiosidad)
Tomás	Oye…
	(Un poco nervioso)
25 | | Hace mucho tiempo que quería preguntarte una cosa, pero nunca me parecía un buen momento o tenía demasiadas dudas. |

Elena	¿Y ahora? ¿Qué te parece este momento? *(Interesada)*
Tomás	Mucho mejor, quería preguntarte si… eh… si te apetece tener una cita 5 conmigo… *(Casi atragantándose)*
Elena	¡Sí, me gustaría! *(Sonriendo)*
Tomás	¡¿De verdad?! 10 *(Perplejo)*
Elena	Claro. ¿Tienes alguna idea? *(Motivada)*
Tomás	Pues… tengo un montón de ideas, pero creo que con mi pie se omite la 15 mayoría… y además, hoy no he ganado tanto… *(Pensativo)*
Elena	No hay problema, ¡no hace falta gastar mucho dinero! Podemos 20 darnos un paseo por el templo, me gusta el panorama allí. *(Soñando)* Le preguntaré a tu tío si puedo salir más temprano hoy, ¿vale? 25
Tomás	¿Lo harías?
Elena	¡Sí, claro! *(Se levanta)*

Elena	¡Vuelvo enseguida!
	(Entra en el bar)
Tomás	Vale, y yo prepararé mis cosas.
	(Se levanta también y va al centro de
	la plaza; mete sus utensilios en su
	mochila)
	Pero, ¿qué es esto?
	(Mirando la caja de dinero)
	¿De dónde vino este dinero?
	(Sorprendido)

(Sale Elena sin delantal y con el cabello suelto, Tomás no la ve)

Elena	¿Listo?
	(Brillando)
Tomás	Casi, ¡es muy raro!
	(Sigue recogiendo sus cosas)
Elena	¿El qué?
	(Con curiosidad)
Tomás	Estoy seguro de que cuando nos fuimos corriendo no había tanto dinero en la caja, y mira, ahora hay casi el doble, ¡no lo entiendo!
	(Pensativo)
Elena	Mejor que al revés, ¿no?
	(Ríe)
Tomás	Pues sí, pero sigue siend…
	(Se da la vuelta y ve a Elena)
	… ohhh!

(Elena sonríe)

Tomás	¡Qué guapa eres!
	(Alucinado)
Elena	¡Gracias!
	(Hace una reverencia) 5
	Me gusta tu estilo, ¡es muy elegante!
	¿De dónde es?
	(Bromeando cariñosamente)
Tomás	Más bien, ¿de cuándo es?

(Los dos se ríen) 10

Elena	Mira, Pepe nos preparó unos fartons
	y dos botellitas de horchata.
	(Mostrándole un paquete pequeño)
	Aún te queda un poco de espacio en
	tu mochila, ¿no? 15
Tomás	Sí, por supuesto.
	(Guarda el paquete en su mochila)
Elena	¿Listo, señor?
Tomás	Casi, tengo algo para ti.
	(Buscando la rosa) 20
Elena	¿Cómo?
	(Sorprendida)
Tomás	Para ti, no sé si te gusta, pero…
	(Sonriendo nerviosamente)
Elena	Es preciosa, ¡muchas gracias! 25
	(Abraza a Tomás)
Tomás	¡Me alegro!
	(Sonriendo)

Tomás	Y ahora, si me permite, señorita…
	(Le tiende el brazo)
Elena	¡Gracias, muy amable!
	(Se coge del brazo)

5 *(Salen lentamente, Tomás cojeando)*
(Sale Pepe con una naranja)

Pepe	¡Esperad, chicos! ¡Tomad esto!
	(Les pasa la naranja)
	¡Una mitad para cada uno! ¡Que lo

10 paséis bien!

(Dice sonriendo y entra otra vez)

E. y T.	¡Gracias!
	(Sorprendidos, siguen andando)
Elena	¿Qué tal vas con el pie?

15 *(Sinceramente preocupada)*

Tomás	Mejor, ya no me duele tanto.
Elena	Puedes ir al templo… ¿o tengo que
	llevarte al caballito?
	(Bromeando)

20 **Tomás** ¡Cállate!

(Cariñosamente)

(Salen los dos (por 10))
(Entra la Mensajera (por 7))

Mensajera	¡Al fin! ¡Lo logré!

25 *(Triunfante)*

Ahora solo tengo que encontrar el
número 19. A ver… hm…

(Buscando en su móvil)

¡Es increíble! Todos estos pueblos parecen iguales. ¡Qué aburridos son!

(Mirando a la plaza)

¡Qué raro!   5

(Investigando la plaza)

¡Rarísimo!

(Busca a alguien, pero no hay nadie en la plaza, mira al público)

Perdona, ¿puedes decirme dónde   10
está la Calle de la Reina 19 en las Colinas santas de nuestra Virgen del mar?

(Desconfiada)

Público   ¿Del Mar? Te has equivocado,   15
estamos en Las Colinas santas de nuestra Virgen de Turia. ¡El pueblo que estás buscando está por allí!

(Señalando en la dirección (8))   20

Mensajera   ¡¿Qué?! ¡No puede ser! Es una pesadilla, tiene que ser una pesadilla…

(Hablando consigo misma)

Público   ¡Oye! ¡No! ¡Es por allí!   25

(Moviendo la cabeza)

(Sale la Mensajera (por entre el público), apagan las luces)

Agradecimiento

Al principio, y sobre todo, quiero dar las gracias a mi profesora Maider, que me dio la oportunidad de escribir esta obra para el grupo Los sin cabeza del teatro español de la Alpen-Adria-Universität Klagenfurt. Muchísimas gracias por tu confianza y tu ayuda desde el primer minuto.

Además, quiero dar las gracias a toda mi familia, que siempre está al lado mío, aunque nos separan cientos o miles de kilómetros y a veces malos días por mi parte. Muchas gracias por vuestra comprensión y vuestro apoyo.

Por último, quiero dar las gracias a mis amigos de aquí y de allí; del norte, del sur, del oeste y del este. Muchas gracias por vuestra sinceridad y amistad.

¡Muchas gracias!

Klagenfurt, 22 de abril de 2020